AF362734

LA PAIX

ET

LA GUERRE

LA PAIX

ET

LA GUERRE

LETTRE A M. PAUL DE BOURGOING

(Ex-Ministre de France à Munich et à Saint-Pétersbourg)

EN RÉPONSE

A SA BROCHURE SUR LA GUERRE D'IDIOME ET DE NATIONALITÉ

PAR

EDMOND CHOIECKI

PARIS

GARNIER FRÈRES, LIBRAIRES-ÉDITEURS,

RUE RICHELIEU, 10.

1849

Monsieur,

La politique, cette science qui, jadis, n'ouvrait son
sanctuaire qu'à un certain nombre d'adeptes, hommes
de naissance ou hommes d'argent, suivant le régime
monarchique qui était en vigueur, la politique a
brisé ses limites officielles. Du haut du suffrage
universel, et en vertu de cet esprit démocratique qui
pénètre tous les jours davantage la vie intime des
nations, elle convie chaque citoyen à ses initiations
les plus sublimes, à ses plus secrets mystères. La

diplomatie elle-même se popularise. Le prolétaire y coudoie le grand seigneur. En droit, sinon en fait, privilége et monopole sont abolis.

C'est donc au nom de ce progrès égalitaire que l'auteur de cette lettre a eu la pensée de vous suivre sur le terrain de la diplomatie et de la politique, terrain qui vous est si parfaitement connu, et sur lequel vous avez donné plus d'une preuves d'habileté. Mais, permettez-moi de vous le dire, il serait difficile de vous accepter aujourd'hui dans les mêmes conditions que l'on vous acceptait autrefois. Représentant d'une monarchie, vous ne pourriez offrir à une République qu'un concours impuissant, fatal peut-être. Vos idées, vos moyens d'action sont d'un monde qui se meurt ; qu'auraient-ils de commun avec cette génération qui s'éveille et qui inaugure avec tant d'éclat l'ère de la transformation universelle ?

Votre livre *sur les guerres d'idiôme et de nationalité* soulève d'importantes questions. Je les aborderai ; et sans prétendre les traiter à fond dans une simple brochure, je les expliquerai assez peut-être pour les dégager de ces nuages de mensonge dont les hommes des vieux systèmes cherchent opiniâtrément à les envelopper. Et ici, loin de moi toute intention de personnalité. A mes yeux, monsieur, vous représentez une idée ; c'est à cette idée que je m'at-

taque ; c'est contre cette idée que je m'élève de toute
la spontanéité, de toute l'énergie de ma conviction.

Apôtre d'un parti rétrograde et égoïste, vous pré-
tendez qu'au milieu de la lutte qui ébranle l'Europe,
la France n'a que faire de prendre un rôle actif.
Qu'elle se retire dans son isolement, et qu'elle em-
ploie toutes ses forces à raffermir ce principe que
vous appelez *ordre*, mais qui, tel que vous l'entendez,
n'est qu'une léthargie stupide, qu'une négation de
tout progrès, de tout avenir. Telle est sa mission
exclusive. Car, selon vous, la révolution de Février,
et cette lutte d'idiôme et de nationalité qu'elle a sou-
levée, cette folie du jour, comme vous la nommez,
ont brisé à tout jamais la coalition ; la France n'a
plus rien à craindre. Certes, je ne demanderais pas
mieux qu'il en fût ainsi ; mais étrangers l'un à l'autre
sur le champ des principes, nous ne saurions nous
rencontrer sur le champ des conséquences.

Il est un mot, monsieur, que vous ne comprenez
pas, c'est le mot *Révolution*.

A vous entendre, la Révolution n'est qu'une secousse accidentelle de la société. Et cette société,
vous en faites une sorte de kaléidoscope où les matériaux toujours les mêmes ne varient que dans leurs
apparences, suivant le mouvement qui leur est im-
primé ; et cela au gré du hasard ou du caprice. Une

aussi étrange doctrine vous amène naturellement à de non moins étranges conclusions.

Ainsi, que les Allemands luttent contre les Scandinaves, les Polonais contre les Allemands et les Russes, les Siciliens contre Ferdinand, l'Autriche contre l'Italie, les Hongrois contre la maison de Habsbourg, les Valaques contre le sultan et le Tsar, ce n'est là qu'une futile querelle de langues et de nationalités, une absurdité, une folie. L'Europe d'aujourd'hui, immense Charenton où des millions d'insensés souffrent, gémissent, usent leur fortune, leur repos et jusqu'à la dernière goutte de leur sang! Et vous, médecin impassible, initié aux mystères des choses, vous contemplez ce spectacle sans sourciller, car vous savez qu'il est dans la nature du fou qu'on excite, de briser ses liens, de se ruer sur ses semblables, et de répandre autour de lui la terreur et la mort.

A merveille, monsieur l'ambassadeur de la monarchie! Et, en effet, pour ce parti du capital et du privilége que vous représentez, qu'est-ce donc que le dévouement, que l'abnégation, que le combat à mort pour la liberté? Folie et toujours folie. La vraie sagesse, c'est le calcul. Arrière ceux qui méconnaissent l'élasticité du chiffre, ou qui se défient de l'omnipotence de l'argent!

La guerre, la seule guerre que vous comprenez, celle que vous trouvez véritablement logique et raisonnable, c'est la guerre de conquêtes, c'est la guerre vengeresse de traités rompus, ou d'alliances brisées, ou de garanties méconnues. Mais aujourd'hui qu'il ne s'agit ni de commerce, ni de conquêtes, ni d'intérêts de famille, à quoi bon se battre?

Vous soupçonnez pourtant qu'il y a dans la lutte actuelle complication de l'élément civilisateur. Mais la difficulté qui naît de ce principe, au lieu de l'expliquer et de la résoudre, vous la niez, vous vous efforcez de l'étouffer sous un système factice de diversité d'idiômes, de rivalités nationales. Vaine négation, efforts stériles! Vous n'aboutirez à rien, tant que vous n'aurez pas compris le sens précis de ces mots : peuple et état, citoyen et sujet, exploiteur et exploitable à merci. Et comment sauriez-vous ce que c'est qu'une Révolution, vous qui ignorez ce que c'est que le peuple, quels sont ses droits, ses devoirs, sa dignité, sa mission? Le monde est en feu, la France ne bouge pas, et cela parce que, selon vous, elle n'a pas à bouger, sa langue et sa nationalité étant trop homogènes pour donner lieu à aucune lutte. Singulier argument que celui-là ! Est-ce qu'au milieu de cette magnifique harmonie de la langue et de la nationalité de la France, vous n'y entendez pas de toutes parts gronder la tempête? Rappelez-vous les journées de juin, rappelez-vous la fièvre ardente qui en a été la suite : le volcan n'est point encore éteint ; et qui sait si le système bâtard qui nous gouverne, n'est pas le souffle fatal qui doit de nouveau en soulever la lave, et en précipiter les incalculables ravages.

Ah! sans doute, monsieur, ces luttes, ces déchirements dont nous sommes les témoins sont de nature à déconcerter bien des raisonneurs ; mais ne savez-vous pas que, souvent, rien n'est moins logique en réalité que les arguments les plus logiques en apparence? Vous-même, si vous avez suivi les événements qui se sont accomplis depuis la publication de votre livre, vous avez dû reconnaître jusqu'à quel point vous avez été le jouet de l'illusion et de l'erreur. Attendez encore, et l'humanité vous prouvera que si elle s'est engagée dans la voie brûlante où elle marche maintenant, elle ne l'a fait ni par aveuglement ni par légèreté.

Sortons des vains détails et des faits isolés, et remontons aux principes ; c'est de là que tout s'illumine et s'explique.

C'est une lutte bien ancienne que celle qui agite le monde. Toujours palpitante entre les mêmes éléments dont elle vit sans les épuiser, elle les arme sans cesse les uns contre les autres : libre arbitre

contre fatalisme, droit contre privilége, liberté contre
autorité. Quel que soit le parti où se range momen-
tanément la victoire, le résultat final y gagne fatalement. Ce résultat, c'est l'unité sociale, c'est-à-dire
l'harmonisation de tous les antagonismes particuliers
avec le bien universel, la fusion de l'individu dans
l'État, de l'État dans l'humanité ; l'émancipation complète de toutes les facultés, la réponse à toutes les
aspirations naturelles et nécessaires, la solution du
problème de l'égalité humaine, tant sous le rapport
des droits que sous le rapport des devoirs.

Cette unité, forme suprême de la perfection sociale,
l'homme y tend par toutes les nobles puissances de
sa nature. Ce que les principes mauvais sèment d'obstacles sur sa route, il les balaye, il les brise ; n'importe si, dans ce labeur de géant, il tombe en proie à
la souffrance la plus amère, au plus sanglant martyre.
Ouvrons l'histoire. Quelles en sont les figures, soit
parmi les individus, soit parmi les nations, qui y brillent d'un plus grand éclat ? Assurément celles qui ont
réalisé le plus efficacement en elles le phénomène
de l'unité. D'abord, l'initiation est faible. Partant
d'un point de vue matérialiste et inconcret, le monde
primitif païen travaille, en quelque sorte, en aveugle ;
ce qu'il accomplit pour le grand œuvre, il l'accomplit
à son insu. Le monde hébraïque va plus loin, car son

point de vue est spiritualiste, mais, au lieu de généraliser les résultats qu'il opère, il tend à les absorber en lui seul. Cependant une force d'expansion invincible triomphe en quelque sorte malgré lui de son exclusivisme. Moïse, le prophète de l'unité hébraïque, jette dans ses doctrines une sève de politique dont la démocratie la plus avancée serait fière, et mérite ainsi à sa nation l'honneur insigne de donner naissance au sublime législateur du monde, au grand unificateur de l'humanité. Un travail plus complet s'élabore en Grèce. Après avoir transfiguré l'art, après avoir créé le beau universel et réalisé l'unité dans l'idéal, l'action nationale se répand dans la conquête et aspire à l'unité politique. Merveilleuse destinée de l'idée! A peine a-t-elle illuminé l'intelligence des nations, qu'elle suscite dans leur sein des hommes spéciaux qu'elle revêt d'héroïsme, et dont elle fait les organes de sa puissance, les instruments de sa vie. Malheureusement ces instruments, ces organes font souvent défaut à leur mission : l'idée, restée incomplète dans son application, se retire du domaine du présent pour tourner ses regards vers l'avenir.

C'est ainsi qu'Alexandre, apôtre armé de la Grèce pour l'unification du monde, matérialisant outre mesure l'idéal qui le conduit, n'invoquant que la force brutale là où il eût été besoin d'un levier sympathique, c'est ainsi qu'Alexandre n'engendre, dans toutes ses conquêtes, qu'une harmonie factice. Il tombe, et tout s'écroule avec lui, tout, excepté le principe inspirateur, l'idée élémentaire de son action, héritage précieux qui échappe à la Grèce, mais dont Rome s'empare pour le féconder à son tour.

Rien n'égale la magnifique énergie, la persévérance infatigable que le peuple roi déploie dans l'accomplissement de son œuvre. Mœurs, institutions, doctrines, tout converge vers ce but suprême. Ses lourdes légions parcourent la terre. Il se sature de guerres et de conquêtes. Enfin, la victoire d'Actium ferme le temple de Janus ; l'idée d'Alexandre est réalisée, les dieux des nations siégent au Panthéon, les aigles planent sur toutes les cités, et les Césars ivres de triomphes, proclament, au nom de l'omnipotence romaine, l'unité du monde.

Mais cette unité va se dissoudre encore. Cette unité fondée sur les ruines de la liberté au profit de la tyrannie, de l'égalité au profit de l'égoïsme et du privilége, cette unité, cimentée par les castes, engendrée et maintenue par la force, cette unité ne devait point résister aux chocs de l'antagonisme qu'elle portait en elle. Bientôt le colosse romain couvrit le monde de ses débris.

Donc, ce n'est point à la force qu'il faut demander

la réalisation du grand principe. Adhésion libre et spontanée, réciprocité des intérêts, dévouement, fraternité, égalité, spiritualisme dans les instincts et dans les tendances, en un mot suffrage universel largement compris, librement et dignement exprimé, tels sont les éléments qui seuls peuvent rallier tous les membres de la famille humaine, dans cette unité admirable à laquelle ils sont appelés.

C'est ainsi que l'avaient compris déjà certains esprits d'élite de l'antiquité, philosophes et poètes. La mort de Pan, dieu de la matière, symbolisait leur doctrine. Transition lumineuse aux splendeurs de l'Evangile qui, enfin, déchire tous les voiles, et pose la formule d'après laquelle le monde peut marcher désormais sans crainte de se heurter, ni contre la déception, ni contre l'erreur. Formule sublime qui, en même temps qu'elle donne le dernier mot de la politique, montre la voie qu'il faut suivre, et signale les obstacles d'où surgira la lutte.

Et la lutte a surgi plus acharnée, plus vaste, car la lumière qui a rayonné sur le monde a multiplié les champions. Qu'importe qu'au milieu du choc, le but suprême paraisse oublié! Ce but tient si immédiatement aux moyens, qu'en réalisant ceux-ci on arrive infailliblement à réaliser celui-là. Laissez donc les peuples user leur sang et leur vie à écraser l'hydre de

la tyrannie, à museler l'égoïsme, à étouffer les instincts brutaux de la matière; car, quand ils auront
conquis leur liberté pleine et entière, quand ils auront gravé partout les dogmes sacrés d'égalité et de
fraternité, quand ils auront spiritualisé leurs appétits,
alors, sans qu'il soit besoin d'autre transition, tout
antagonisme cessera dans le monde, l'unité y régnera.

Ah! vous commettez une étrange erreur, monsieur,
en vous obstinant à ne voir dans cette lutte incessante
qui ébranle le monde, qu'une affaire d'agrandisse-
ment de territoire, ou d'influence monarchique, ou
de nationalités et d'idiômes. La logique de l'humanité aspire à de plus hautes destinées. Tandis que
Rome païenne se brise et que les aigles descendent
de son Capitole, la croix y monte, la croix, symbole
d'amour et de liberté. Dès lors, quelle transformation! Le règne de l'idéal commence. La Rome catho-
lique répand partout les semences de l'unité spiri-
tuelle. Mais, hélas! ici encore, le génie de la réaction
vient dresser sa tête hideuse. Le prêtre, oublieux de
son origine, se prostitue au culte de l'or et de l'infamie; lui, dont la mission est d'émanciper l'idée,
il s'attaque à cette idée, il s'efforce de l'étouffer sous
le plomb des cachots, ou de la pervertir sous l'étreinte
d'un grossier sensualisme et d'un formalisme sans

âme. L'insensé, il ne voit pas qu'il organise sa propre ruine, que tout ce qu'il enlève à l'idée, il l'enlève à la force et au prestige de sa puissance.

L'idée proteste. Les sectes surgissent; elle s'arme pour l'action, et s'allie à ceux-là même qui naguère ne combattaient qu'au nom de la matière. Mahomet brandit son glaive, Omar brûle les livres accusateurs de ses doctrines; tous les ennemis de la liberté s'ébranlent. Impatients du joug de Rome, les souverains germaniques se dressent contre elle; la papauté est aux abois. En vain, pour retenir le sceptre qui lui échappe, fait-elle appel à toutes ses armes. Malédictions, anathèmes, batailles sanglantes, corruption des consciences, menaces de l'enfer, promesses du ciel, tout échoue. L'inquisition a épuisé toutes ses violences, le machiavélisme des jésuites s'est émoussé, mais la liberté est sauve, —sauve, dis-je; car, Jean Hus, l'apôtre slave, a poussé le cri fraternel de l'émancipation, et l'Allemagne s'est ralliée sous le drapeau de la réforme, et les bulles des papes ont été brulées, et leur empire a perdu la moitié de ses domaines; et, pendant trente ans, une guerre implacable ravage l'Europe, guerre d'émancipation et de liberté, prélude de cette longue agonie qui précipite, de jour en jour, la papauté vers la tombe.

Cependant, il faut l'avouer, cet empire spirituel bâti par les papes ne cède que difficilement aux dé-

molisseurs. Si les grands chefs sont proscrits de l'a-
rène, les joûteurs subalternes n'y déploient que plus
de hardiesse et d'impudence : introduisant le préjugé
dans la foi, inventant des terreurs imaginaires ou
des félicités illusoires, les prêtres abusent de la cré-
dulité des peuples. Avides, corrompus, pleins d'hy-
pocrisie et de mensonge, ils marchent de dégradation en dégradation ; et, de peur que l'humanité ne
pénètre enfin leur sacrilége infamie, ils accumulent
les ténèbres autour d'elle, ils s'unissent contre elle à
tous les principes qui la poursuivent d'une haine fatale ; à toutes les tyrannies, à toutes les aristocraties,
à toutes les usurpations, à tous les priviléges.

Ainsi donc, roi, clergé, noblesse, telle était la tri-
nité envahissante devant laquelle tout genou fléchis-
sait. De la liberté, il n'était plus question. La confis-
cation était flagrante. Qui n'eût dit, à en juger par les
apparences, que c'en était fait désormais des droits
sacrés de l'humanité, que l'harmonie sociale n'était
que chimère, que le monde était livré sans merci à
la fatalité et au hasard, immense loterie où quelques
uns gagnaient, tandis que la multitude s'abîmait dans
la ruine et dans le désespoir. Ces désolantes pensées
se traduisirent en formule chez plusieurs des ency-
clopédistes. Mais, le temps du doute fut court. Bientôt
la liberté opprimée brise ses chaînes. Voyez cet

échafaud qui se dresse, instrument d'expiation et de vengeance! Quels flots de têtes roulent, têtes de rois, d'aristocrates et de prêtres! La France reprend, aux yeux des nations, son initiative morale et intellectuelle; elle arbore la terreur et ne craint pas de noyer dans le sang ses iniquités séculaires. Après quoi, au bruit de ses armes victorieuses à l'extérieur, de ses chants de régénération à l'intérieur, elle proclame l'égalité humaine, la liberté illimitée du monde. Spectacle merveilleux qui dissipe à jamais les fantômes du passé, et dilate infiniment l'horizon de l'avenir!

En effet, en moins de deux ans, cette liberté dont le privilége et la tyrannie croyaient avoir scellé la tombe, cette liberté s'épanouit dans toute la splendeur d'une nouvelle jeunesse. Les enfants laissent un instant la prière à Dieu, pour bégayer les droits de l'homme. Combat acharné, victoire décisive. Ce qui n'était que le partage de quelques initiés devient la propriété de tout un peuple. La voie est ouverte, le grand drame humanitaire se déroule, ce drame dont le dénouement n'est autre que l'harmonie universelle, que l'unification du monde.

J'ai déjà indiqué, monsieur, ce que j'entends par cette unification; avant d'en étudier les faits réalisateurs, je l'expliquerai plus complètement.

Il est manifeste que par là, je n'entends point un
monde identique et uniforme. Ce serait nier la nature qui nous présente partout le spectacle de sa di-
vine anarchie; ce serait nier l'individualisme, ce
souffle de vie du corps social. Une pareille doctrine
n'appartient qu'au despotisme; elle ne s'édifie que
sur les ruines de la liberté, création violente et factice qui s'écroule toujours à un moment donné. Nous
autres du parti révolutionnaire, nous comprenons
par unification, la fusion complète de toutes les va-
riétés, de toutes les différences qui gisent dans l'humanité, le droit imprescriptible de cité pour toutes
les formes sous lesquelles elle se manifeste, l'harmonisation sans exclusion de tous les éléments sociaux,
car tout ce qui existe possède en lui-même sa raison
d'être, le mal seul n'existe pas : le mal, c'est la négation, c'est le néant. Proscrivez du corps social ces éléments qui paraissent se contredire, la vie, le mouvement, s'éteignent, ainsi que dans un clavier dont
toutes les touches feraient vibrer la même note.

Donc, ce que les notes sont en musique, les nationalités le sont dans le grand accord de l'humanité.
Sans la variété des nationalités, il n'y aurait plus de
société au monde, les hommes ne formeraient qu'un
pâle et monotone troupeau. Nous laissons cet idéal
bâtard à ce cosmopolitisme hypocrite dont le but uni-

ficateur en apparence, n'est en réalité que la plus in-
tolérante exclusion.

De même que les individus, les nationalités ont
un caractère, un type, distinctifs ; et ce caractère, ce
type, se manifestent dans l'histoire par une expansion d'idées propres, par un trésor de traditions
spéciales, par une série de faits accomplis, d'efforts,
de luttes, de dévouements dont le résultat déjà ob-
tenu leur est garanti, ou dont le développement
ultérieur se réalisera dans un temps marqué par
la providence. Chaque nationalité poursuit un but
particulier suivant la nature des éléments qui la
composent. Chaque nationalité a sa mission et, par
conséquent, son droit à l'existence. Donc, la loi du
progrès n'est pas d'effacer ces qualités et ces tendances qui distinguent les nationalités, c'est, au con-
traire de les développer, de les exalter afin de les
faire servir au bien général de la société. Je dis au
bien général de la société, car de même que l'homme
possède en lui une double existence, rigoureusement
solidaire, savoir, son existence d'individu, et celle
qui, par ses liens de famille et de nation, l'unit à l'humanité, de même les nationalités roulent sur deux
termes qu'elles ont mission éternelle de concilier,
d'harmoniser, les termes de citoyen et d'humanité.
S'il n'en était ainsi, nous n'aurions plus qu'à tendre

les bras au despotisme, au privilége, à toutes les tyrannies, et à rouvrir l'ère sanglante des révolutions.

Ainsi donc, la vie universelle, cette vie dont le dé-
veloppemeut nous est révélé par les grands événements de l'histoire, s'écoule par deux torrents : celui
de la vie commune, travail harmonique de tous les
peuples au profit de l'intérêt général, et celui de la
vie individuelle des nationalités, sans lequel le premier tarirait dès sa source, et ferait de l'humanité
cette momie informe à laquelle vous et votre parti,
monsieur le diplomate, vous voulez la réduire.
Nier aux nationalités leur droit à l'existence, entraver leurs tendances dans leur développement ins-
tinctif, ou s'obstiner à ne voir dans tout cela qu'une
vaine querelle d'idiômes et de dialectes, n'est-ce
pas jeter le démenti à l'idée de Dieu, n'est-ce pas
méconnaître la nature, l'histoire, les lois de l'humanité; n'est-ce pas appeler sur sa tête le fléau des
révolutions, et toutes les colères d'une société vengeresse?

Certes, il y aurait là un vaste thème à développer.
Mais le temps presse, la révolution se précipite, l'action nous appelle. Champions de la liberté, rarement
nous pouvons nous armer de la plume, nous, dont
les mains sont sans cesse réclamées par le glaive.
Nous semons la sueur et le sang sur le champ du

monde. Cela vaut bien des livres. Je m'abstiens donc, et je reviens à mon sujet.

J'ai dit que le but suprême de l'humanité, soit dans ses luttes intellectuelles, soit dans ses luttes à main armée, est l'unification des éléments qui la composent. Cette unification ne peut être réalisée que sur le terrain de l'émancipation et de la liberté. J'ai dit ensuite comment la révolution française de 93 avait conquis cette émancipation, cette liberté, en écrasant sous ses pieds, les principes exploiteurs du peuple.

Mais, si la révolution française de 93 a développé en elle si puissamment les germes de la régénération universelle, c'est donc à la France qu'il appartient de féconder ces germes et de prendre l'initiative du grand œuvre. Mission glorieuse, mission fatale, à laquelle elle ne faillira pas ! — Et voyez le mystère de l'application des choses. Lorsqu'un peuple a été créé l'apôtre d'une idée, il s'incarne toujours, ainsi que je l'ai déjà dit, dans un individu qui personnifie son action. Cet individu est soumis à une double influence : celle de la fatalité logique de l'histoire, et celle de sa puissance personnelle. Tant que cette double influence le pénètre, il croît en forces, en grandeur, en triomphes. Mais, dès qu'il a comblé la mesure des choses qu'il avait mission d'accomplir ;

ou bien, lamentable calamité! dès qu'il cherche à absorber l'intérêt universel dans son propre intérêt, alors la logique de l'histoire se retire de lui. Instrument parasite et désormais inutile, il tombe ; il tombe, et, si son nom reste gravé dans les fastes de la gloire, si son héritage moral enrichit le monde, il ne laisse, aux hommes de son sang, qu'une personnalité intransmissible, dont le poids gigantesque fait ressortir avec plus d'éclat l'infirmité et la folie de ceux qui prétendent en revendiquer la solidarité.

Il m'a paru nécessaire d'entrer dans ces considérations avant d'expliquer avec plus d'étendue quelle a été la mission de la révolution de 93. Cette mission avait un double but : renverser le fétichisme du passé, c'est-à-dire couper toute racine à l'arbitraire, au privilége, à l'oppression ; et sur le terrain social renouvelé, inaugurer les éléments fondamentaux de l'unification universelle. La Convention remplit le premier but. Tout ce qui vivait d'une vie factice, d'une vie de forme et non d'idée, elle le brisa, elle l'anéantit. Et cette œuvre de destruction, non seulement elle l'accomplit dans le foyer national ; elle s'efforça encore de la porter jusque par delà ses frontières ; tellement l'esprit qui l'animait était vaste, humanitaire, universel. Certes les combattants ne manquèrent pas à cette lutte. Tout ce que le vieux monde possédait de

défenseurs s'accumula sur les champs de bataille ;
mais, d'un autre côté, jamais les phalanges guerriè-
res n'avaient compté tant de héros qu'on en vit surgir alors parmi les jeunes apôtres de la liberté.

Cependant la Convention, pour imprimer à son
action plus d'efficacité, s'était appliquée à centra-
liser l'organisme intérieur de la France, systèmetem-
poraire, qui devait faire place plus tard, c'est-à-dire
lorsqu'à l'analyse aurait pu succéder la synthèse,
à une plus large expansion des éléments sociaux. De
cette vigoureuse tactique l'effet ne se fit pas attendre.
La campagne d'Italie donna au monde la mesure de
la force révolutionnaire ; et l'on put comprendre dès
lors que Bonaparte serait l'instrument choisi par le
destin pour répandre parmi les peuples la sève de
liberté et d'indépendance qui avait déjà si merveilleusement fécondé le génie de la France.

Ce qui incombait d'abord à Bonaparte, c'était de
rendre le souffle de vie à toutes ces nationalités martyres, que l'arbitraire et la tyrannie avaient presque
réduites à l'état de cadavres. Car alors, comme aujourd'hui, la question politique roulait sur le même
pivot ; tant l'histoire est invariable dans sa logique, inflexible dans ses exigences. Alors, comme
aujourd'hui, il s'agissait d'unifier l'Italie, afin d'en
chasser ces fermiers couronnés qui l'opprimaient :

alors, comme aujourd'hui, il s'agissait d'écraser l'Autriche, afin de fonder sur ses ruines l'indépendance des Slaves et des Hongrois ; alors, comme aujourd'hui, il fallait briser la confédération germanique, afin d'en faire surgir une Allemagne unitaire et homogène ; alors, comme aujourd'hui enfin, il s'agissait de reconstituer la Pologne, afin que la France pût trouver en elle un boulevart sûr, soit du côté de l'Allemagne, soit du côté de la Russie.

Pour réaliser cette œuvre gigantesque, Bonaparte avait deux grands leviers à faire mouvoir : l'invincible armée de la République française, et l'élément national qui, s'étant réveillé parmi ceux-là même qu'il avait à combattre, devait hâter sa victoire et en assurer les résultats. D'abord il eut pour lui la Pologne, la Pologne, athlète séculaire de l'idée, qui, ayant compris la portée humanitaire de la mission de la France, se jeta, sans arrière-pensée, corps et âme dans ses bras. Contre lui se dressa l'Angleterre, car elle vit dans la destinée spiritualiste de cet homme l'antagonisme vivant et implacable de son industrialisme envahissant et de ce matérialisme systématique, essence de sa nature, condition nécessaire de sa vie.

Donc Bonaparte marchait plein d'enthousiasme à l'unification suprême des peuples de l'Europe. Il y

marchait du moins pendant sa glorieuse campagne
d'Italie, alors qu'il sapait à coups redoublés le vieil
empire de Habsbourg, et qu'il réveillait autour de lui
tout ce qui était déjà mort et poussière. Mais voici que
l'avide individualisme vint obscurcir son âme. Fils
parjure de la Révolution, Bonaparte renie sa mère ;
il ne relève plus que de lui-même, et concentre en
lui seul toute la gloire qu'il a eu mission de conquérir pour l'humanité. Dès lors, sa force s'amortit, son
génie se stérilise. C'est l'homme du passé, ce n'est
plus l'homme de l'avenir ; il délaisse la Pologne, il
échoue contre l'Angleterre. Prostituée à la fondation
d'une dynastie d'aventure, son épée ne jette plus que
de rares éclairs. Le monde n'est plus en cause ; ce
n'est qu'une tête qui cherche une couronne. Aussi
tous les vieux abus ressuscitent ; Napoléon s'entoure
d'aristocrates et de prêtres. Il fait des ducs et des
princes, il distribue des trônes, il forge des blasons,
il se drape d'oripeaux. Comédie insensée, dont se
moquent les hommes du droit divin, ces hommes qu'il
devait écraser sans retour, mais avec lesquels il s'allie, et dont il s'estime heureux de perpétuer la race.
Et au milieu de ce débordement d'orgueil, la sainte
liberté, l'égalité, la fraternité, ces nobles aspirations
de la raison populaire, il les estime vanité et néant.
La tyrannie dorée s'installe sur son trône ; au lieu du

génie émancipateur, du génie unificateur du monde, on ne voit plus rôder autour de l'humanité qu'une police inquiète et jalouse, dont le fouet insolent balaie à l'envi tout instinct généreux, tout élan vers l'avenir.

Après cela, vous étonnerez-vous, monsieur, de la chute épouvantable de cette personnalité dévoyée? Rappelez-vous ce que j'ai dit plus haut du rôle des individus dans l'histoire ; et, sans qu'il soit besoin de vous l'expliquer davantage, vous comprendrez facilement ce mystère.

Mais ici nous apparaît de la manière la plus éclatante le caractère de cette lutte toujours vivante entre la liberté et l'autorité. Plus Napoléon se croit sûr de sa puissance, plus il est avare de liberté, tandis qu'il revient instinctivement vers cette liberté toutes les fois qu'une nouvelle secousse l'ébranle ; jusqu'à ce qu'enfin, pendant les Cent Jours, c'est-à-dire à cette époque où son trône à peine relevé flottait comme sur une vague, il livre pleine carrière à toutes les aspirations, à tous les désirs, à toutes les manifestations de l'émancipation populaire.

Ainsi donc, je le répète, liberté, autorité, deux termes inconciliables, inconciliables tant qu'ils s'obstineront à vivre d'une vie séparée, tant qu'ils ne se seront pas fondus l'un et l'autre dans une vaste synthèse

où l'harmonie des satisfactions réciproques étouffera
à jamais entre eux tout ferment d'antagonisme.

Napoléon proscrit du monde, la Restauration
s'empare de la France, et avec elle le même matérialisme gouvernemental continue à déborder. Honte
immense! car, du moins, sous Napoléon, la splendeur de l'individualisme impérial jetait sur cet absurde système un prestige fascinateur, tandis que les
Bourbons ne savent que le rapetisser aux plus mes-
quines proportions. Hommes à courte vue, ils ne con-
sidèrent la Révolution que comme un accident fortuit,
causé par la faiblesse de Louis XVI et par l'inhabileté
de ses ministres, qui détendirent imprudemment les
ressorts de l'absolutisme, seul capable, selon eux, de
museler l'anarchie.

Cette conviction se traduit en une réaction déses-
pérée. Les castes aristocratique et cléricale relèvent
la tête ; la théocratie et la féodalité secouent leur
poussière. Hélas! on ne s'aperçoit pas que la Révolution a dévoré jusqu'à la racine toutes les réalités de
l'ancien monde ; ce qu'on exhume avec tant de solen-
nité n'est qu'un amas de fantômes, vain épouvantail
qui doit céder au premier souffle.

Cependant le matérialisme du système a signalé sa
fécondité. Un monstre en a surgi, propre à recueillir
l'héritage du passé et à remplacer ses auxiliaires na-

turels, désormais impuissants à le soutenir. Noblesse et clergé se prosternent devant lui ; c'est à qui lui vendra son âme. Talleyrand, Blacas, Decazes, tous les courtisans, tous les ambitieux s'attèlent à son char. L'argent est roi : vive l'argent !

Mais, tout en exploitant la puissance du coffre-fort, la Restauration ne fut pas assez habile pour tirer parti de ceux qui en tenaient les clefs. La finance et la bourgeoisie continuèrent à être mis au ban des affaires de l'État. La cour ne s'ouvrit qu'aux robes noires et aux vieux blasons. Aveuglement fatal qui sollicita enfin cette immense protestation, devant laquelle la monarchie du droit divin tomba, entraînant avec elle dans l'abîme tous ces fétiches décolorés qu'elle avait tenté en vain de replacer sur leurs autels.

La chute de Charles X ne changea rien au fond du système. Aussi cette protestation de Juillet, dont on a voulu faire une révolution, n'a jamais mérité ce nom. Le peuple, l'agent souverain des révolutions, n'y est pour rien. Il eût mieux fait que cela. Le privilége changea de place, voilà tout.

En effet, convaincue que la Restauration n'était tombée que parce qu'elle n'avait pas su prendre l'élément gouvernemental là où il était réellement, c'est-à-dire dans les hommes d'argent, la monarchie de

Juillet s'étudia à leur donner toute satisfaction, à leur livrer toute suprématie.

Dès lors, le matérialisme le plus effréné se jeta sur la France comme sur une proie. Implacable vampire, il suça jusqu'à la dernière goutte son sang le plus généreux. Contemplez ce lamentable cadavre. Plus d'idée, plus d'enthousiasme, plus de sentiment de liberté, ni d'honneur, ni de dignité nationale. L'étranger le heurte du pied, il ne bouge pas. C'est la paix à tout prix. Mais que le bruit de l'or retentisse à ses oreilles, soudain il se dresse, ses yeux brillent d'une infernale convoitise, la vie le ressaisit tout entier ; et alors commence la grande orgie. Le trafic et l'agiot sont à l'ordre du jour ; on vend sa conscience, on escompte son âme. Qu'importe l'infamie pourvu que l'on enfle sa bourse !

De cette avidité sordide naît un égoïsme sans nom. *Chacun pour soi, chacun chez soi*, tel est le symbole caractéristique, telle est l'*ultima ratio* du système. Rien de français, rien de national dans la politique. D'un côté, on l'exploite au profit de la dynastie, de l'autre, on l'absorbe dans un lâche cosmopolitisme qui permet tout, qui souffre tout. Ne tournez plus vos regards vers la France, ô nations opprimées qui aspirez à la liberté ! La France n'a plus d'entrailles pour vous, et, si elle ne prête pas l'appui de son glaive aux tyrans qui ont juré votre ruine, rendez-en grâce non ceux à qui la gouvernent, car ceux-là n'eussent pas mieux demandé, mais à la résistance de son génie que leur dégradante logique n'a pu encore complètement asservir.

La suprématie du capital développe à outrance le fanatisme de la propriété. C'est à qui deviendra propriétaire. Pour cela on ne se contente plus du travail ordinaire, agent trop lent et souvent inefficace. La société se divise en deux camps : d'un côté les prolétaires ouvriers, de l'autre les capitalistes commanditaires. Les compagnies s'organisent, l'action sollicite l'écu ; le privilége, le monopole, la concurrence, se livrent bataille ; la Bourse devient l'arbitre et le modérateur du génie de la France. Et, quand à force d'intrigues et de bassesses, quand à force de perfidies et de mensonges, on est parvenu enfin à édifier la propriété tant désirée, on l'étreint avec une sorte de volupté jalouse, ainsi que la bête fauve étreint la proie qu'elle va dévorer seule au fond du désert.

Patriotisme, famille, vains préjugés, sottes utopies ! Le mariage n'est qu'un calcul. La gloire de la patrie, on l'escompte au profit de la propriété individuelle : pour l'appât d'une indemnité on tendra bravement les épaules aux plus avilissantes humiliations. Ni la capacité ni le mérite ne sont des titres aux charges de l'Etat. Etes-vous propriétaire? Vous êtes député, vous êtes ministre, vous êtes tout. Vous n'êtes pas propriétaire? Arrière!

C'est ainsi que la propriété, et ici je parle surtout de la propriété mobilière, du capital, roulant d'abus en abus, d'excès en excès, arrive enfin à cette limite extrême de l'absolu, qui fait qu'elle se nie elle-même et qu'elle devient mensonge. Est-elle donc si étrange, après cela, cette sinistre malédiction, qu'un de nos plus profonds penseurs n'a pas craint de lui jeter à la face, et ne caractérise-t-elle pas parfaitement le rôle immoral et destructeur qu'elle a joué, qu'elle joue encore dans ce siècle?

Jamais la lutte contre la liberté n'a été aussi acharnée, et en même temps aussi fortement organisée que depuis que la propriété est entrée dans l'arène. Tout ce qui restait des vieux éléments féodaux, monarchiques, ecclésiastiques, se rallia sous le drapeau de l'argent. La phalange fut immense. Si la liberté n'était immortelle, elle eût succombé sous ses coups redoutables. Mais, ainsi que je l'ai dit, la propriété se perdit elle-même par son excès. La tension était trop forte, elle dut rompre.

Je ne m'étendrai point ici sur les causes particulières et occasionnelles qui ont amené la révolution

de Février. Tout le monde les connaît. Je ferai remarquer seulement jusqu'à quel point le caractère de
cette révolution se reflète dans le caractère même de
l'époque contre laquelle l'histoire a de nouveau si fiè-
rement protesté.

Abîmé dans le matérialisme, le monde ne pouvait
en sortir qu'au moyen d'une double réaction : réaction de fait, réaction d'idée. C'est de la France que
devait partir la première, de la France la nation
active par excellence. La seconde germait depuis
longtemps en Pologne, car c'est dans ce pays dés-
hérité de tous les droits politiques, de tous les intérêts matériels, que le culte compensateur de l'idée se
manifeste avec le plus de profondeur, et qu'il est
devenu comme le ciment immortel de la nationalité.

A ces deux réactions, répondirent deux théories
bien distinctes. En France, le socialisme ; en Pologne,
la doctrine de cet homme sublime, de cet homme
qui, déjà proscrit de sa patrie par le bourreau de sa
nation, a dû encore, par une incroyable fatalité,
partager les chaînes des transportés de juin. Cette
doctrine, qui compte parmi ses adeptes les plus nobles intelligences de l'émigration polonaise, serait
longue à développer ; elle se résume dans cet axiôme
dont Sieyès a donné le premier la formule : « Qu'est-

ce que la matière? Tout. Qu'est-ce que l'esprit? Rien. Que doit être la matière? Rien. Que doit être l'esprit? Tout. » Doctrine transcendante et absolue qui attaque le matérialisme dans son principe, tandis que le socialisme le poursuit sur la voie de l'application et des conséquences pratiques. Ces deux protestations se complètent mutuellement ; leur action simultanée produit infailliblement la solution de la question sociale ; de même que la solution de la question politique en Europe ne peut résulter que de la réorganisation définitive de la France, jointe à la reconstitution de la Pologne. Je reviendrai plus tard sur cette dernière face de la question.

On se tromperait fort si on ne voulait attribuer à la Révolution de Février qu'une portée exclusive et accidentelle, ainsi que fut celle du mouvement de Juillet. La Révolution de Février, en introduisant le socialisme sur le champ de bataille, a pénétré jusqu'aux fondements du monde, et a revêtu un caractère de merveilleuse et complète universalité. Qu'est-ce en effet que le socialisme? Négation de tout principe essentiellement mauvais, négation de tout principe hostile à l'intérêt moral et matériel de l'humanité ; par conséquent, affirmation de tout principe essentiellement bon, affirmation de tout principe sympathique au bien et au bonheur universels. Donc, deux choses

dans le socialisme : destruction, édification ; destruction pour le présent, édification pour l'avenir. A lui
de réconcilier ces deux principes éternellement ar-
més l'un contre l'autre, l'autorité et la liberté; à lui
d'harmoniser tous les intérêts, toutes les tendances ;
à lui de réaliser l'unification universelle.

Certes, ce n'est pas du premier effort que le socialisme est arrivé à sa formule complète. Dès son début
sérieux, c'est-à-dire dès la Révolution de Février, il ne
se montrait, ce semble, que cuirassé pour le combat
et brandissant son glaive exterminateur. Dieu sait ce
qui fût advenu, s'il lui eût été donné alors de préva-
loir. D'ailleurs, enfermé dans une théorie étroite et
matérialiste, il ne songeait guère à rayonner au delà
des frontières de la France. C'était la faute des chefs
qui l'exploitaient, Mais, malgré eux, malgré leur im-
puissance, le socialisme a brisé ses entraves, et il s'est
élevé jusqu'à la plénitude de son principe. Grandi,
fécondé par les éléments révolutionnaires qui lui arri-
vaient du dehors, il a senti palpiter en lui le cœur
même de l'humanité, il s'est dit : « Ma mission est
vaste comme le monde! »

Et, en effet, si le socialisme n'était pénétré d'un
principe spiritualiste et humanitaire, il faudrait dés-
espérer de l'avenir de la Révolution. Il détruirait tout
sans rien édifier. Voyez Louis-Philippe! Il a fait jouer

tous les ressorts de l'intelligence pour bâtir, pour
fortifier son système de cupidité et de matérialisme.
C'est donc aussi par l'intelligence que ce système doit
être sapé, anéanti. Du reste, les faits qui se sont accomplis et qui s'accomplissent encore tous les jours,
manifestent d'une manière éclatante le spiritualisme
du principe qui les sollicite. Un principe purement
matériel n'aboutit qu'à un effet accidentel et local.
Mais qui mesurera la marche prodigieuse de la Révolution à travers le monde? L'Allemagne, l'Autriche,
l'Italie, se sont levées, pourquoi? Ah! c'est que le cri
de liberté et d'émancipation a retenti dans toutes les
consciences ; c'est que les peuples sont fatigués d'oppression et d'esclavage, c'est qu'ils réclament au nom
de l'humanité, leur place au banquet universel.

Sans doute, cette unanimité révolutionnaire vous
surprend et vous déconcerte, monsieur le diplomate. Comment maîtriser un mouvement humanitaire
aussi prononcé? S'il n'eût été question que d'une
simple révolution nationale, cela eût été plus facile.
Vous le pensez du moins. Et, toutefois, vos amis de
la réaction ne se tiennent pas pour battus. Ils relèvent
à plaisir toutes les bastilles usées de l'arbitraire, du
despotisme, de la répression la plus effrénée. A merveille, Messieurs du pouvoir! Multipliez encore les
entraves, bâillonnez-nous, *transportez-nous*, fusillez-

nous! Vous servez notre cause, car, en modérant
notre impétuosité, en tempérant notre fièvre, vous
ajoutez à notre force, vous imprimez à notre action
plus de vitalité, de ressort et de puissance. Merci
donc! Et, quand le banquet de la fraternité des peuples aura réuni tous les champions de la liberté du
monde, souvenez-vous que notre meilleur toast sera
pour vous, pour vous les propagateurs de notre idée,
pour vous les auxiliaires bénis de notre triomphe!

Cependant, monsieur, nous ne sommes pas de ceux
qui se laissent jouer par de vaines illusions. L'avenir
est à nous, nous le savons; mais, avant d'atteindre à
cet avenir, il y aura encore bien des luttes à soutenir,
bien des martyres à endurer. Car, il ne s'agit plus
cette fois d'une réforme accidentelle et temporaire, il
s'agit d'une réorganisation complète du monde, tant
sous le rapport politique, que sous le rapport social.
Chaque heure qui s'écoule fait surgir de nouveaux
lutteurs. Guerre immense où le peuple, c'est-à-dire
cette portion de l'humanité qui souffre, qui travaille,
qui, sans souci de sa propre individualité, aspire au
bonheur universel, où le peuple se pose en ennemi
et donne le signal de l'attaque. Illusion de croire que
pour résoudre les grandes questions qui s'agitent, il
suffira encore de l'autorité vermoulue des protocoles,
ou des avilissantes lâchetés des concessions mu-

tuelles. Le champ s'ouvre à un combat sans merci, il faut que l'on sache enfin si un monde décrépit et atrophié doit l'emporter encore sur cet avenir qui palpite et qui rayonne. Aux armes donc! aux armes!

J'ai dit aux armes! monsieur, et ne croyez pas que ce cri soit parti d'une poitrine altérée de sang et de conquêtes. Non, mais c'est vous, ce sont les hommes de votre parti, qui l'aurez voulu. Opiniâtres adorateurs du passé, ils n'ont rien compris aux événements qui se sont accomplis autour d'eux. Au lieu de se mettre à la tête du progrès et de précipiter ainsi dans la voie normale la marche d'une transformation nécessaire, ils se sont donné mission de l'entraver. Les insensés! comme si l'on fermait le cratère du volcan en courroux, comme si l'on enchaînait le torrent de la lave bouillonnante. Du reste, c'est le triste apanage de tous les gouvernements de n'apprécier qu'après leur chute la hauteur d'où ils sont tombés.

La révolution qui gronde aujourd'hui dans le monde porte un triple caractère, suivant les tendances extérieures et immédiates des peuples qui invoquent son action. Elle est *nationale*, ou *politique*, ou *sociale*. Elle est de plus *humanitaire* et *solidaire*, et, comme telle, revêtue d'une splendide harmonie, d'une féconde universalité. Que pour la France la Révolution soit avant tout une révolution sociale, il faudrait pour le nier, nier l'évidence elle-même. Après un débordement d'abus et d'infamies aussi monstrueux que celui qui s'est accompli sous la quasi-légitimité, il ne faut rien moins, pour sauver le pays, qu'une rénovation complète de tous les éléments sociaux. La transformation politique n'est en quelque sorte qu'accessoire ; c'est moins un principe qu'un corollaire. Aussi n'a-t-il fallu aucun effort pour l'opérer. Le roi est monté en fiacre, on a brûlé son trône, et tout a été dit.

Sur le terrain étranger, la question est différente. En Allemagne et en Italie, la révolution, entreprise dans un but unitaire, est nationale ou politique, ou l'une et l'autre en même temps, suivant la situation topographique des peuples insurgés. Les Allemands sont maîtres, il est vrai, de leur nationalité, mais leur race est démembrée, et comme ce démembrement tient aux priviléges consacrés de trente-six trônes, il faut, avant de réaliser l'unification nationale, briser ces trônes et en chasser les insolents possesseurs. Ici donc, c'est une révolution politique. Il en est de même à Rome, en Piémont, en Toscane et à Naples, où le même but d'unification se poursuit par la lutte contre les souverains exploiteurs du pays, tandis qu'en Lombardie, en Vénétie, de même que chez les Slaves de l'Autriche, les Hongrois et les Polonais, la révolution est essentiellement nationale ; car il s'agit avant tout,

pour ces peuples infortunés, d'arracher leur nationalité palpitante aux tyrans qui s'efforcent de l'é-
touffer.

J'ai ajouté que la Révolution, outre le triple caractère que je viens d'établir, est encore humanitaire et
solidaire. Qu'est-ce à dire? Qu'indépendamment de
sa situation temporaire, de son mouvement accidentel, chaque peuple doit résoudre le problème révolutionnaire sous sa triple forme, c'est-à-dire que pour
chaque peuple, la Révolution est identique; que ses
phases sont logiquement enchaînées l'une à l'autre;
qu'on ne peut faire abstraction d'aucune; qu'après
avoir été nationale, la Révolution doit être nécessai-
rement politique, pour prendre enfin son caractère
social, terme suprême où elle puise tous les éléments
de l'unification universelle.

Ainsi, bien que la Révolution, en France, se pro-
duise surtout sous sa forme sociale, il ne s'ensuit pas
qu'elle puisse faire abstraction de sa forme nationale
et politique. Sous ce dernier rapport, j'ai déjà dit ce
qu'elle avait fait, et avec quelle facilité elle l'avait fait.
La tâche est loin d'être épuisée; l'ébauche appelle la
main qui la perfectionne et la complète. Quant au
point de vue national, il y a là quelque chose qui
touche si profondément au génie de la France, et qui
en caractérise si intimement la mission, qu'une ré-

volution qui y demeurerait étrangère ne serait qu'un
vain bruit dans l'espace, qu'un stérile avortement.

La nationalité de la France, c'est en quelque sorte
sa solidarité avec toutes les nationalités du monde.
Car la France, c'est l'intelligence initiatrice, c'est la
force d'action par excellence. Tout s'illumine à son
soleil, tout se réchauffe à son foyer, tout se retrempe
au bain sympathique de son expansion communica-
tive et humanitaire. Oublieux de cette nationalité pri-
vilégiée, de cette nationalité dont la grandeur même
suppose d'immenses devoirs, les derniers souverains
qui ont gouverné la France n'ont pas craint de la
jeter dans les voies de l'isolement et de l'égoïsme.
Non seulement ils ont réprimé les élans de son initiative, mais ils l'ont forcée d'assister l'arme au bras,
le sourire diplomatique sur les lèvres, à toutes les
monstrueuses iniquités que les tyrans couronnés ac-
complissaient hors de ses frontières. Dérision lamentable! opprobre sans nom! Aussi le peuple s'est-il
levé, le peuple dont le grand cœur ne conçoit ni la
lâcheté, ni la honte. Et il a lavé avec du sang la boue
qui obscurcissait le génie de la France; et, soudain,
rappelant à lui toutes les nationalités opprimées, qui
si longtemps l'avaient invoqué en vain, il leur a
tendu les bras, il leur a donné des armes, et, les
poussant sur le champ de bataille : « Marchez, leur

a-t-il dit; je suis avec vous, à vous aussi la victoire! »

Ce mouvement sublime, cette compréhension in-
stinctive du génie national de la France, ne trouvè-
rent aucun écho dans ceux qui s'étaient improvisés
les chefs du peuple. Docteurs de mensonge, qui, ana-
lysant à froid dans leur cervelle creuse l'idée qui jail-
lissait bouillonnante de l'intelligence des masses,
mutilèrent la Révolution, et lui ravirent à leur profit
toute sa portée nationale et humanitaire. Dès lors, la
voix de Dieu rentra au fond de la poitrine du peuple
pour y gronder en silence ; on le parqua, lui, l'apôtre
de la liberté et de la propagande, dans d'étroits *ateliers
nationaux*, d'où on le vit sortir un jour, colonne lu-
gubre, pour aller protester encore une fois du haut
des barricades contre la trahison et l'égoïsme, et puis
servir de proie à la fusillade, de butin aux bagnes et
aux pontons.

Quel a donc été le fruit de votre inconcevable labeur? Où êtes-vous, Lamartine, vous si intrépide à la
phrase, si nul à l'action? Où êtes-vous, pygmées ambitieux du *National?* La Révolution vous a jugés. Ledru-
Rollin, seul, est resté debout, Ledru-Rollin qui, seul,
avait compris l'esprit de la Révolution, Ledru-Rollin,
dont la glorieuse énergie a si magnifiquement réparé
l'apparente faiblesse qui l'avait compromis d'abord.

Mais le crime capital de ces hommes, le crime dont ils répondront devant la postérité, c'est d'avoir, en découronnant la Révolution de sa force de propagande, ouvert la carrière à l'audace et aux perfidies de la réaction.

Ah! celle-là, du moins, ne se fourvoie point dans sa route, elle marche logiquement, sûrement à son but. Voyez-la parodier la monarchie, restaurer les blasons et s'entourer d'abus et de priviléges. Du peuple et de la constitution, elle n'a souci. Elle bâillonne la liberté, elle flagelle la presse; et, pour comble d'insolence, elle fraternise avec les despotes, elle bivouaque avec eux sur les champs de l'Italie, en attendant qu'elle puisse avec eux écraser sous les ruines de la ville éternelle le cadavre palpitant de la république romaine.

Jusques à quand la nationalité de la France courbera-t-elle la tête sous ce joug odieux? Attendra-t-elle que le nom de la France soit devenu en Europe le symbole de la lâcheté et de l'égoïsme? Non. Dégagée des personnalités qui la trahissaient, la Révolution a renouvelé ses forces et sa vie dans la pureté de son principe. Les dernières élections lui ont prouvé tout ce qu'elle possède de sympathie au foyer national. Elle marchera, elle grandira, elle accomplira sa mission jusqu'au bout.

Et d'ailleurs n'y a-t-il pas nécessité pour la France.

si elle veut réaliser complétement sa révolution politique et sociale, n'y a-t-il pas nécessité de donner
toute satisfaction à sa nationalité? Quelle est donc la
force d'un principe que l'on exalte au dedans, et qu'on
laisse bafouer, fouler aux pieds au dehors? Certes,
l'absolutisme n'agit point ainsi. Partout où il voit sa
cause en jeu, il s'y précipite. L'or et les bataillons ne
lui coûtent rien ; car il sait que plus il multipliera ,
que plus il consolidera ses alliances, plus il rendra sa
formule invincible, plus il lui communiquera de vitalité et d'avenir.

Vous vous dites républicains, et vous repoussez
brutalement tout ce qui, au delà de votre horizon,
aspire à se ranger sous votre drapeau. Est-ce trahison
ou lâcheté? Singulière manière d'assurer votre salut
que de dédaigner vos amis pour vous jeter entre les
bras de ceux qui ne peuvent que vous maudire et
conspirer votre perte! Rappelez-vous donc ce que
c'est que la France! Placée au centre de l'Europe par
sa situation topographique, placée à la tête du monde
par l'expansion de son intelligence et sa puissante
initiative, est-il un seul de ses mouvements qui n'é-
veille autour d'elle des millions d'échos? Que pensez-
vous d'un aussi auguste privilége? N'a-t-il aucun sens
pour vos cœurs et pour vos consciences? Est-il donc
de l'honneur de la France de monter la tête aux peu-

ples pour les abandonner ensuite et lécher les pieds aux rois? Est-il donc de sa prudence de semer partout la guerre, pour s'endormir elle-même dans son inertie et laisser rouiller son épée?

Ah! je comprends maintenant pourquoi, malgré tant d'efforts, la Révolution n'a encore abouti, en France, qu'à d'aussi stériles résultats. C'est qu'elle ne s'est point encore élevée à la hauteur de sa nationalité ; c'est que son principe, brisé dans son explosion première, n'a pu encore assez pénétrer ses entrailles pour en faire surgir toutes ses sympathies et les traduire en action. Si cet effet n'est produit, si la Révolution française ne devient profondément nationale et par conséquent humanitaire, elle faillira également sur le terrain politique et social.

En effet, une révolution politique est autre chose qu'une révolution de surface, qu'une vaine substitution de nom. Brûler un trône et crier : Vive la République! c'est chose facile et naturelle pour un peuple comme le peuple français ; c'est le pupille devenu majeur qui chasse une tutelle usurpatrice. Mais prétendre greffer la République sur le tronc pourri de la monarchie, prétendre conserver le bagage du passé pour en faire la base des institutions de l'avenir, n'est-ce pas dérision, n'est-ce pas folie? C'est ce que l'on a fait pourtant jusqu'à présent. Et pour ne parler que du suffrage universel, en a-t-on bien compris le principe et l'application ? A-t-on fait pénétrer ce flot de la vie démocratique dans tous les courants de la société ? Le suffrage universel, ce n'est pas seulement l'élection à l'Assemblée ou dans les conseils généraux, ou dans les conseils municipaux, c'est l'élection en tout et par tous. Tant que le suffrage universel n'aura pas été ainsi généralisé, il ne sera qu'un instrument incomplet et par conséquent borné dans son action.

Quant à la forme sociale de la Révolution, qui pourrait en nier la fatale nécessité ? Il faudrait ignorer, pour cela, tout ce que le règne de Louis-Philippe a fait déborder sur la France de misères et de douleurs. Le prolétariat écrasé par l'opulence, le capital conspirant contre le travail, l'épuisement dans le labeur et la minimité du salaire, la faim à côté du banquet splendide, la nudité et les haillons à côté du comfort et du luxe, que sais-je ? Une société divisée en deux camps, dont l'un manque de tout, dont l'autre regorge. Est-ce donc là l'aspect d'une république égalitaire et fraternelle ?

Et si ma conviction démocratique vous paraît suspecte à vous, monsieur, organe de la contre-révolution, interrogez votre confrère M. Blanqui aîné ; lisez son rapport sur la situation des classes ouvrières. Vous serez épouvanté des sombres tableaux qu'il y présente, mais dont il se garde bien de tirer les fatales conséquences.

Si du moins les fanatiques du système, si les propagateurs de l'ordre, avaient à produire quelque merveilleux antidote, quelque remède souverain à tant de maux! Mais, hélas! jusqu'à présent tout leur génie n'a abouti qu'au néant. — Réduire l'impôt, diminuer l'impôt? Mais l'armée, l'armée d'un demi-million de soldats, qui l'entretiendra, qui la nourrira? — Réduire l'armée? Mais les rois se coalisent et nous menacent; il faudrait l'augmenter peut-être! — Aider le travail? Mais avec quoi, si ce n'est avec un nouvel impôt, c'est-à-dire en empruntant au malheureux de quoi soulager sa misère?

Retirez-vous donc, hommes blasés et impuissants, car votre système est sans issue ni solution; car vous n'avez pas le mot de l'avenir! L'avenir, c'est au socialisme qu'il appartient d'en tenir les rênes, car c'est le socialisme seul qui en a compris les voies, c'est le socialisme seul qui réconciliera le capital avec le travail, qui harmonisera la consommation avec la production, qui supprimera l'exploitation de l'homme par l'homme, qui brisera le monopole, le privilége; c'est le socialisme seul enfin qui, substituant à l'alliance impie des rois la sainte alliance des peuples, sapera ainsi dans leur base tous les antagonismes qui divisent le monde, et y fera régner l'ordre et l'unité.

Et remarquez, monsieur, que ce que je dis ici de la France, je l'affirme également de toutes les autres nationalités. Car toutes, plus ou moins, boivent à la coupe de la misère, aspirant en vain à un bonheur qui les fuit sans pitié. N'ai-je pas dit, d'ailleurs, que la Révolution est humanitaire et solidaire ; que par conséquent chaque nationalité doit l'accomplir en elle sous sa triple forme nationale, politique, sociale ?

Révolution politique ! j'entends par là la réalisation de la République. C'est là, en effet, le gouvernement normal par excellence, le gouvernement complet, le seul qui réponde adéquatement à cette sublime formule, dernier mot de l'humanité : liberté, égalité, fraternité. Je sais, monsieur, que, dans votre opinion, la république ne doit être tentée qu'avec une souveraine prudence ; qu'il faut surtout bien se garder, en ce qui la concerne, de violenter la majorité. Eh, mon Dieu ! qui ignore ce que c'est que cette majorité, vague flottante à tout vent d'illusion et de mensonge ? Je m'attache aux principes ; et quand je vois qu'un roi, soit héréditaire, soit électif, n'est autre chose qu'une individualité dévoyée, qu'une violation flagrante du droit commun, qu'une injuste et perfide usurpation, en un mot qu'une sacrilége négation des lois fondamentales de la nature et de l'humanité, alors je reconnais non seulement aux majorités, mais à tout in-

dividu qui a le sentiment de la dignité et de la liberté
humaines, le droit de s'insurger contre les trônes et
de travailler à les démolir. Et à ce sujet, je me déclare
formellement contre cette théorie de certains publi-
cistes, de **M.** de Lamartine entre autres, qui prétendent mesurer l'émancipation aux peuples, suivant le
degré de leur maturité. Mais qui donc sera juge de
cette maturité? Assurément, ce ne seront pas les rois :
on ne saurait compter sur leur impartialité. Et si l'on
en appelle aux peuples, les seuls qui aient vraiment
la conscience d'eux-mêmes, croit-on qu'à moins d'une
pression qui obscurcisse leur appréciation, et qui violente leur liberté, croit-on qu'ils se trouvent jamais
trop jeunes pour jouir des droits et des priviléges qui
leur ont été départis par la nature et par l'humanité?

Ce serait ici le cas, monsieur, de m'étendre sur les
diverses branches de la famille humaine, et de mon-
trer comment; en accomplissant la révolution nationale, politique et sociale, elles se dépouillent de ces
formes accidentelles qui les opposent extérieurement
les unes aux autres, pour se transfigurer dans un
idéal sympathique, germe fécond de l'unification
universelle. Mais, une pareille étude m'éloignerait
beaucoup trop des limites de cette brochure. Car j'aurais à examiner comment les Français, par exemple,
participent encore aujourd'hui, dans leur civilisation

et dans leur organisation politique de l'élément *muni-cipal romain*; comment les Allemands relèvent de l'antique *tribu germanique*; comment, enfin, les Polonais et les autres Slaves sont toujours restés fidèles à l'esprit de leur *commune* primitive. J'aurais à faire remarquer comment les divers éléments de ces nationalités se reflètent d'abord dans le triple caractère que j'ai donné à la Révolution, pour se fondre ensuite dans son rayonnement général et humanitaire. Mais, je le répète, cette étude serait trop longue. Il vous sera d'ailleurs facile à vous, monsieur, si versé dans l'histoire, de suppléer à son développement. Je m'arrêterai donc seulement à ce que j'ai surtout à cœur de démontrer, savoir, que tant que l'antagonisme régnera dans le monde, la Révolution n'y produira que des résultats incomplets.

Deux camps sont en présence : la Révolution sous le drapeau de la liberté et de la République; la résistance sous le drapeau de l'oppression et de la monarchie. Ce dernier parti se personnifie dans l'empereur Nicolas; le premier dans la France et la Pologne. Partout où il y a des chaînes à river, des trônes à soutenir, la Russie se précipite, partout où la liberté se réveille, où une République surgit de l'acclamation populaire, France et Pologne sont invoquées. Entre la France et la Pologne, c'est-à-dire entre l'action et l'idée, la solidarité est manifeste. Même ennemi à combattre, même but à conquérir, Paris et Varsovie, double pivot de l'avenir européen. Tant que l'oppression pèsera sur la cité polonaise, la liberté ne sera qu'un vain mot dans la capitale de la France. Je sais bien que le gouvernement qui prétend diriger les destinées de la France, se roidit contre l'idée de guerre. Mais il y sera entraîné malgré lui. Car, ce ne sont plus les hommes qui sont aujourd'hui en jeu, ce sont les principes ; ce ne sont plus les individus qui combattent, c'est l'idée qui précipite l'humanité sur le champ de bataille. Fatalement, la Révolution accomplira son œuvre, et, quant au nœud gordien de la réaction, s'il ne veut pas se laisser dénouer lui-même, les peuples sauront bien retrouver l'épée d'Alexandre.

Après ces considérations générales, il me semble superflu, monsieur, d'examiner en détail les **asser**tions que renferme votre brochure. Ce ne sont pas les matériaux qui me manqueraient, à moi natif ou voisin des pays dont vous parlez. Mais quel intérêt pourrait-on attacher à des faits matériels, épars, souvent faux, mal compris, ou presque toujours faussement appréciés? C'est ici l'affaire des bibliographes, des géographes et des statisticiens. Jetons plutôt un dernier regard sur ce qui s'accomplit en Europe.

Partout la lutte entre la liberté et l'autorité est

flagrante. Bombardement des villes, massacre des habitants, pillage des maisons, rien n'a pu amortir l'énergie des champions populaires. Debout sur les barricades, le Génie de la Liberté défie les hordes de l'absolutisme, et menace de les engloutir à jamais dans la vengeance et dans l'oubli. Jusqu'à ce pontife imbécile qui prétend reconstruire un trône vermoulu à coups de baïonnettes étrangères, tout ce qui porte le nom de roi est voué à l'exécration et à l'anathème.

Et vous pensez, monsieur, qu'une aussi épouvantable tempête se dissipera au souffle de votre diplomatie? Erreur! Tant que l'Italie sera encore profanée par les excès de l'Autrichien, tant que ses rois, ses princes et son pape n'auront pas été précipités dans les gémonies de l'histoire, en un mot, tant que la liberté n'y aura pas triomphé de l'autorité, le sang y coulera. Au delà du Rhin, l'horizon n'est pas moins sombre. Le vieil empire des Habsbourg chancelle sur ses bases. De toutes parts, de jeunes et vaillantes nationalités travaillent à le démolir : et les Hongrois, ces anciens fidèles de leur roi, Marie-Thérèse, et les Polonais qui jadis sauvèrent Vienne du joug ottoman, et les Allemands, ces exploiteurs privilégiés de l'empire, qui préfèrent la perte de leurs priviléges à la nécessité de vivre sujets de l'Autriche. Mort à l'Autriche! C'est le cri universel des Slaves

confédérés. L'esprit de liberté les transporte ; ils veu-
lent à tout prix sortir de cette atmosphère étouffante
d'oppression et d'obscurantisme qui a si long-temps
pesé sur eux. Aussi, voyez quel vertige s'est emparé
du monarque imberbe auquel on dispute avec tant
d'acharnement son sceptre ! Il met ses villes en état
de siége, il transforme ses généraux en bourreaux, il
brûle, il saccage, il tue ; enfin pour comble de délire, il
se jette dans les bras de l'empereur Nicolas, implorant
du tsar le salut de son héritage, la perpétuité de sa race.

Vains efforts ! On s'abuse sur la puissance de la
Russie ; ses armées d'aujourd'hui ne sont plus les
armées de Souvaroff, ni celles de 1815, ni même
celles qui luttèrent contre la Pologne en 1830. Ses
soldats sont démoralisés et sans énergie, ses officiers
n'ont ni envie ni science de la guerre, et quoi qu'en
disent MM. Thiers, Molé et de Falloux, cet immense
empire qu'on appelle la Russie n'a de condition de
durée que dans son isolement et dans son immobilité.
Du moment qu'il s'ébranle pour prendre part à la
crise européenne, il se dissout. Solidaire de l'Autriche
dans la résistance, il partagera avec elle la défaite et
la ruine. Laissez donc l'Autriche crouler ; elle est la
proie que le destin a réservée à la liberté. Tant que
l'Autriche subsistera, il n'y aura pour vous, républicains de France, ni paix, ni sécurité. Le spectre de

l'absolutisme, toujours debout à vos portes, desséchera de son souffle glacé vos institutions les plus généreuses, vos plus nobles inspirations.

Que vous dirai-je de cet autre vassal de la Russie, Frédéric-Guillaume IV ? Résistera-t-il, lui aussi, au mouvement qui l'entraîne ? Il a beau traquer la rébellion avec ses caporaux et ses gendarmes, il a beau prêter main forte à ses féaux qui succombent, il ne changera pas l'arrêt du destin. La baïonnette s'émousse ou se brise, la force brutale est inféconde. Déjà le peuple allemand a déchiré la constitution octroyée ; il ne veut plus de scission dans sa race ; il veut l'unité. Sans doute sa marche est lente, mais elle est sûre. Elle est lente, car l'œuvre à accomplir est immense. Trente-six couronnes à briser ! Et, puis sur ce terrain déblayé de l'oppression et du privilége, édifier le règne de la liberté et de l'égalité, la république fraternelle et unitaire : voilà le but. L'Allemagne n'y faillira pas.

Revenons à la France. Là le torrent révolutionnaire est déjà devenu fleuve ; chaque jour il ouvre à son cours un lit plus vaste et plus profond. Dépouillant sa forme négative, le socialisme commence à se revêtir de positif et de concret ; il absorbe en lui la vérité politique et nationale ; et déjà ceux de ses chefs qui répugnaient le plus à la guerre, MM. Proudhon et

Considérant, poussent la France à l'intervention. Sans doute, comme je l'ai déjà dit, la Révolution n'a pas encore à se glorifier d'un développement assez synthétique dans ses résultats; mais la foi dans sa force, la confiance dans la victoire, le sentiment de son noble but, la ravissent à une hauteur de vues, à un courage d'action, qui lui assurent l'avenir.

Quant à la réaction, elle cède de plus en plus à l'aveuglement et au vertige. Impuissante à vaincre le principe qui la poursuit, elle le nie. Fidèle héritière de ceux qui, il y a trente-cinq ans, appelèrent sur leur patrie les hordes des Cosaques, hordes dont ils payèrent les services avec l'argent du peuple, elle fait des vœux pour que les fils de ces barbares se hâtent de renouveler les odieux exploits de leurs pères. Pour elle la nationalité n'est rien. Elle bat des mains aux massacres de l'Autrichien, aux excès de la soldatesque prussienne; elle mêle ses chants aux lugubres hourrahs des Moscovites. Un seul souci la préoccupe, c'est la destruction de la République. Et pourquoi? Est-ce par sentiment d'une fidélité traditionnelle aux monarques déchus? Mais n'avons-nous pas vu les légitimistes s'unir aux républicains rouges pour brûler le trône et saccager les Tuileries? N'avons-nous pas vu les orléanistes, les orléanistes les mieux choyés de leurs maîtres, applaudir à la fuite de ceux-ci, spéculant honteusement sur la liquidation de leur liste civile et sur la vente de leurs biens? Quant aux impérialistes, je n'en dis mot; ce sont des maniaques qui n'ont de rivaux que les partisans d'un Louis XVII imaginaire.

La haine de la réaction pour la République, deux mots l'expliquent : ambition et avarice. Elle voit l'égalité saper à fond le monopole et le privilége; elle voit la liberté s'insurger contre l'oppression et la violence, elle voit la fraternité conspirer contre la tyrannie du capital et les exploitations de toute nature, et elle a peur. De la peur à la haine de ce qui épouvante, il n'y a qu'un pas. Aussi guerre acharnée est déclarée au socialisme; et comme l'idée manque à la réaction pour le combattre, elle soulève contre lui toute la force matérielle et brutale dont elle peut disposer : confiscations, emprisonnements, persécutions, provocations même par l'insulte et par le mensonge. Son argent, voilà ce que la réaction veut sauver avant tout, et à tout prix.

Ce serait un spectacle curieux, s'il n'était par trop lamentable, que celui de l'étrange coalition que ce principe égoïste et matériel engendre. Légitimistes et orléanistes, jésuites et universitaires. bourgeois et grands seigneurs, hommes de lettres et hommes de banque. les drapeaux les plus opposés se sont confondus. On appelle cela la croisade de l'ordre.

Il n'y a pas jusqu'à la religion qu'on n'ait conviée à ces saturnales, la religion si honnie, si dédaignée aux jours de la sécurité. Cette tactique n'est pas neuve. Il se trouvait jadis à la Chambre des pairs de ces dévots mielleux dont les discours se terminaient toujours en queue d'homélie ou de sermon. Un jour j'ai entendu mon honorable ami, M. d'Alton-Shée, d'Alton-Shée, qui, seul, au milieu de l'engourdissement auquel le dernier Bourbon réduisait la France, avait conservé toute la vitalité de ses convictions, et seul élevait une voix radicalement révolutionnaire, je l'ai entendu, dis-je, flétrir avec énergie le sacrilége abus que l'on faisait de la religion dans les discussions parlementaires. « Non, messieurs les Pairs, s'écriait-il, je n'accepterai jamais la solidarité de vos opinions chrétiennes et catholiques ! » Et ces vieux ossements se soulevaient d'indignation. Ils étaient bien venus, en effet, à parler de religion, ces voltairiens endurcis, ces sceptiques éhontés qui ne juraient que par Diderot, Helvétius et d'Holbach ; ces hommes qui, défiant le diable tout en se souciant fort peu de Dieu, prêtaient serment sans sourciller à trois dynasties, ces assassins du maréchal Ney, ces applaudisseurs des exploits des Trestaillons !...

Eh ! bien, la même comédie se joue aujourd'hui, sur le théâtre de Gaëte. On donne la main à Radetzki

et à Ferdinand de Naples, pour rétablir, de concert
avec eux, le saint Pontife sur le trône de l'Église. Ah !
si par un revirement miraculeux, Pie IX, ouvrant les
yeux à la lumière, se relevait tout à coup républicain,
si, déployant tout à coup le drapeau de la démocratie
universelle, il appelait tous les peuples à la guerre contre les oppresseurs de l'humanité, quel changement
inattendu se ferait autour de lui ! Comme ils se hâte-
raient de déserter ces diplomates hypocrites qui sous
prétexte de soutenir la cause de l'Église, ne cherchent
en réalité qu'à défendre leur matérialisme brutal, leur
égoïsme sans pitié ! Les champions les plus ardents de
Pie IX, passeraient dans les rangs de ses ennemis les
plus acharnés. La religion ne serait plus pour eux
qu'une vaine et stupide formule, qu'un monstre qu'il
faudrait écraser à tout prix.

Mais ne maudissons pas trop la réaction. Je l'ai
déjà dit et je le répète, la réaction depuis le 24 février
a merveilleusement servi la cause de la Révolution.
Que de masques sont tombés ! que de manœuvres ont
été déjouées ! que de théories ont été appréciées et
jugées ! Le président ne s'est-il pas chargé lui-même
de dissiper le prestige qui avait provoqué son élection?
N'a-t-il pas justifié outre mesure l'opinion de ceux qui
repoussaient la division des pouvoirs? N'a-t-il pas
démontré que l'âme de Napoléon n'avait rien de com-

mun avec les Bonaparte, et que par conséquent on
n'avait rien à attendre de ces *idées napoléoniennes*.
dont le pays commençait à se préoccuper si fort? Ce
sont là des résultats qu'il ne nous est pas permis de
dédaigner. Mais le champ de la Révolution est vaste ;
espérons que la réaction et son digne président y fe-
ront germer encore plus d'une plante dont il nous
sera doux de recueillir les fruits.

En attendant, voici un fait qui les caractérise trop
bien l'une et l'autre pour que nous ne l'observions
pas en détail. Il s'agit de la reconnaissance de la République française par Sa Majesté l'empereur Nicolas.
Grand événement, splendide merveille ! Battez des
mains, hommes de la droite ; et vous, montagnards.
voilez-vous la face, vous êtes vaincus !

Mais, ô vous qui montez au Capitole, avez-vous
bien compris le sens de cette caresse qui vous arrive
de la région des ours? Et si ce n'était là qu'un sanglant coup de griffe ?...

Longtemps l'empereur Nicolas a rêvé à la position
qu'il prendrait vis-à-vis de la République française.
Tout d'abord elle l'avait déconcerté. Lui, l'autocrate
géant, lui l'absolutisme fait homme, lui l'exploiteur
sans merci et sans limites de soixante millions d'hommes, accoutumé aux baisers des despotes et aux serviles obséquiosités des rois constitutionnels : lui le mar-

chand de chair humaine, le bourreau des nationalités. le glorificateur du knout et du gibet, lui, enfin,
le type et le résumé de toutes les monstruosités de
l'arbitraire et de la tyrannie, il n'avait pu entendre
sans s'émouvoir l'écho retentissant de la révolution
de Février. Aussi, loin d'applaudir au triomphe de la
France, il l'avait maudite. Maudite, non qu'il se pré-
occupât beaucoup de son drapeau républicain ; l'empereur Nicolas est moins formaliste qu'on ne pense ;
mais parce qu'il voyait dans le principe qui avait arboré ce drapeau le déchaînement de toutes les liber-
tés, de toutes les indépendances, la mort du principe
par lequel il vivait. La haine de l'empereur Nicolas
pour la République française, c'était donc de sa part
une compréhension profonde de l'avenir, un sentiment intelligent de conservation personnelle.

Mais voici que Louis-Napoléon Bonaparte surgit à
la présidence. Soudain les choses changent d'aspect.
L'autocrate s'aperçoit qu'au lieu d'avoir à descendre
vers la République, c'est la République qui remonte
jusqu'à lui. L'amnistie rejetée, et par conséquent les
massacres de juin, l'état de siége, les transportations,
les conseils guerre sanctionnés ; le procès de Bour-
ges ; la presse bâillonnée, les clubs fermés, les asso-
ciations dissoutes. les *libres penseurs* (expression offi-
cielle en Russie pour désigner ceux qui font de l'op-

position au gouvernement) jetés dans les cachots, tous ces excès ne rappellent-ils pas à Nicolas ses théories privilégiées, son système de conduite habituel avec les Polonais, avec ses propres sujets?

Mais, quelle joie est la sienne, lorsqu'il voit s'asseoir au fauteuil de la présidence son ancien protégé, lorsqu'il voit ce même protégé faire le général moscovite, s'affubler d'un uniforme, passer des revues, s'amuser de spectacles et de parades! Quelle joie surtout lorsqu'il voit la Constitution foulée aux pieds par lui et par ses ministres, lorsqu'il voit les soldats emprisonnés pour avoir voulu user de leurs droits de citoyens, lorsqu'il voit le peuple assommé dans les rues par la police, les domiciles violés, les libéraux persécutés, les étrangers traqués et expulsés! Et, lorsqu'il apprend que son ami Oudinot est expédié sur Rome pour la bombarder et y rétablir le pape, lorsqu'il apprend que la France donne la main à son valet Ferdinand de Naples, qu'elle s'allie à Radetzky, qu'elle fait en Italie ce qu'il fait lui-même en Autriche, marchant avec les rois contre les peuples, avec l'autorité contre la liberté; lorsqu'il apprend, enfin, que parmi les Français, il se trouve des cœurs assez serviles pour aspirer à se prosterner, ainsi qu'on le fait en Russie, devant un fétiche impérial, oh! alors sa joie éclate en applaudissements frénétiques, un sourire infernal contracte ses lèvres. « Salut à toi, s'écrie-t-il, République française, République faite à mon image, chair de ma chair, os de mes os, salut! Ah! sans doute, je te reconnais, car ton âme c'est mon âme, ta vie c'est ma vie, ta mission et ta destinée c'est ma mission et ma destinée! »

Et soudain le courrier impérial s'élance à travers les plaines. Le protocole officiel arrive à l'Élysée. On le lit. L'allégresse est au comble. On se félicite, on s'embrasse, on danse, on pleure d'attendrissement et de bonheur. O hallucination sans égale! O honte qui dépasse toutes les hontes! O folie que n'atteint aucune autre folie!

Croyez-vous donc que la Russie aura fait ce grand acte sans en réclamer le salaire? Eh bien! ce salaire, c'est la liberté du monde qui le lui paiera; c'est la Hongrie, c'est la Pologne, c'est l'Italie, c'est l'Allemagne, avec leur sang, avec leur or, avec leurs espérances et leur avenir. Les hordes de l'absolutisme se promèneront à travers ces lugubres contrées, ainsi qu'une tempête d'extermination; et la France laissera faire. La France! La Russie n'a-t-elle pas reconnu solennellement sa République?

Mais, je blasphème la Révolution. La Révolution est immortelle. Malgré la France, malgré la Russie, malgré le monde entier, elle poursuivra, elle accom-

plira son œuvre. En vain, la réaction multiplie-t-elle
de toutes parts ses alliances absolutistes ; la logique
de l'histoire restera maîtresse. Déjà le jour approche
où la Révolution aura revêtu partout sa forme nationale ; elle ne s'arrêtera pas en pleine route. Mais, re-
marquez-le bien, Monsieur, j'insiste sur ce point, la
diplomatie est impuissante à résoudre le problème, la
diplomatie n'est plus qu'un arbre parasite dont le
souffle de la Révolution a desséché les fruits et épuisé
la sève. Bon gré, mal gré, les partis viendront en présence. Non pas, soyez-en convaincu, que nous voulions
la guerre à tout prix ; cette guerre vous conviendrait
à vous, peut-être, qui avez déjà arboré le drapeau de
la paix à tout prix ; l'absurde appelle l'absurde. Et
certes, vous nous avez déjà prouvé, dans votre expé-
dition Oudinot, que vous n'hésitiez pas à faire des sa-
crifices, lorsque vous avez l'espoir de briser les ennemis qui vous tourmentent et de sauver votre principe.
La guerre que nous voulons, c'est une guerre d'émancipation et de propagande, une guerre de la liberté
contre l'autorité, des peuples contre les rois, des ré-
publiques contre les monarchies. Tandis que votre
guerre à vous ne serait que la frénésie d'une police
aux abois, qu'une monstrueuse Saint-Barthélemy ;
qu'un aliment nouveau aux désastres de la Révolution, dont il faudrait fermer le cratère, et résoudre

les destinées au profit et non au détriment de l'humanité.

Tels sont, monsieur, les événements qui se préparent et dont il est facile, à tout homme qui a médité l'histoire, de mesurer la portée. Je vous ai expliqué ce que j'entends par nationalité, et quelles sont les bases de son droit à l'existence; je vous ai montré ce qu'est la guerre dans l'humanité et quels en sont les éléments inévitables : j'ai déroulé, enfin, devant vous les diverses phases de la révolution, et tous les résultats qu'elle doit amener dans le monde. Je n'ajouterai plus rien. Car, ainsi que je vous l'ai déjà dit, les faits partiels que vous racontez dans votre livre disparaissent devant la question universelle. Vous aurai-je persuadé, monsieur? je l'ignore. Ce que je sais, c'est que je vous ai parlé dans toute la vérité de ma conviction, dans toute la sincérité de ma conscience. Attendons l'avenir! Il nous dira, lui, si le droit et la raison appartiennent à ce vieux parti diplomatique que vous défendez, ou à cette jeune activité révolutionnaire, dont j'ai essayé d'interpréter les aspirations et les espérances.

Paris, le 10 juin 1849.

(8896)   Paris. — Imp. Maulde et Renou, rue Bailleul, 9-11.